Male für jede Seite, die du bearbeitet hast, einen Stern aus.

Viel Freude!

Dieses Sternchenheft gehört:

Vorname _____

Nachname _____

Straße _____

Hausnummer _____

Stadt _____

Geburtstag _____

Ich bin _____ Jahre alt.

Meine Schule heißt _____

Mein(e) Klassenlehrer(in) heißt _____

Mein(e) Schulleiter(in) heißt _____

Wir sind _____ Kinder in der Klasse.

Meine Hobbys sind _____

Datum von heute _____

... und so sehen ich und meine Familie aus!

Lies genau!

Der Kindergeburtstag

Morgen hat Luise Geburtstag. Sie wird neun Jahre alt. Sie hat sich viele Geschenke gewünscht. Am meisten jedoch ein rotes Fahrrad.
Ihre Mutter hat für die Gäste den Tisch mit fünf blauen Tellern und fünf gelben Bechern gedeckt. An der Lampe hängen zwei grüne Luftballons. Um das Fahrrad hat sie bunte Luftschlangen gewickelt.
Viele Gäste kommen um drei Uhr. Nach dem Kuchenessen spielen sie im Garten verschiedene Spiele. Sie springen auch ins Schwimmbecken und machen eine Wasserschlacht.
Am Abend gibt es gegrillte Hamburger, die sich die Kinder selbst mit Käse, Tomate, Gurke und Salat belegen. Zum Schluss macht Luises Vater noch ein Lagerfeuer, in das die Kinder ihr Stockbrot halten.
Um 20 Uhr ist die Feier vorbei. Luise ist immer noch ganz aufgeregt und kann nicht einschlafen.

Lies und kreuze an!

Stimmen diese Aussagen?

Morgen hat Luise Geburtstag.	☐ ja	☐ nein
Sie wird acht Jahre alt.	☐ ja	☐ nein
Ihr größtes Geschenk ist ein Fahrrad.	☐ ja	☐ nein
Ihre Schwester hat den Geburtstagstisch gedeckt.	☐ ja	☐ nein
An der Lampe hängen bunte Luftschlangen.	☐ ja	☐ nein
Die Gäste kommen um 16 Uhr.	☐ ja	☐ nein
Sie spielen im Haus verschiedene Spiele.	☐ ja	☐ nein
Sie machen eine Wasserschlacht.	☐ ja	☐ nein
Am Abend gibt es gegrillte Würstchen.	☐ ja	☐ nein
Am Lagerfeuer gibt es Stockbrot.	☐ ja	☐ nein
Luise ist von der Feier so müde, dass sie gleich einschläft.	☐ ja	☐ nein

Kreuze an und zeichne!

☐ Du brauchst ein Lineal und einen Bleistift.

☐ Verbinde mit dem Lineal die Punkte der Reihe nach!

☐ Du erhältst ein _____ und einen _____

☐ Male das Dach des Hauses schwarz!

☐ Male die Dreiecke des Hauses im Wechsel rot/blau aus!

☐ Male den Stamm des Baumes braun und die Krone grün!

☐ Es hängen 6 rote Kirschen am Baum.

☐ Übe in den Kästchen das Haus vom Nikolaus ohne den Stift abzusetzen!

Lies und schreibe, was fehlt!

Ich gehe zum Friseur

☐ Lies die Wörter im Kasten und setze sie ein!

~~Hause~~	~~Schere~~	~~Friseur~~	~~Haarspray~~	~~Stuhl~~
~~Rückweg~~	~~Fahrrad~~	~~Fön~~	~~Friseurgeschäft~~	
~~Frisur~~	~~Kasse~~	~~Haare~~	~~Spiegel~~	
~~Handtuch~~	~~Friseur~~	~~Shampoo~~	~~Termin~~	

Heute gehe ich zum __Friseur__. Meine __Haare__ sind viel zu lang geworden. Ich habe einen __Termin__ um drei Uhr bekommen. Ich fahre mit dem __Fahrrad__ dort hin. Es ist nicht weit. Als ich im __Friseurgeschäft__ ankomme, begrüßt mich der __Friseur__ freundlich. Ich setze mich auf einen __Stuhl__ und erkläre ihm, wie meine __Frisur__ aussehen soll. Anschließend werden meine Haare mit __Shampoo__ gewaschen und dann mit einem __Handtuch__ trocken gerubbelt. Der Friseur bürstet meine Haare, nimmt die __Schere__ und fängt an zu schneiden. Ich schaue mich die ganze Zeit im __Spiegel__ an. Als er damit fertig ist, holt er einen __Fön__, um die Haare zu trocknen und zu frisieren. Ich sehe nun ganz anders aus, aber es gefällt mir. Der Friseur fragt mich, ob er noch __Haarspray__ auf meine Haare sprühen soll. Ich lehne ab, denn das stinkt so. Zum Schluss gehe ich an die __Kasse__ und bezahle. Auf dem __Rückweg__ treffe ich Freunde. Ihnen gefällt meine neue Frisur auch. Glücklich fahre ich nach __Hause__.

Lies genau!

Eine E-Mail für Oma und Opa

E-Mail senden

Von: lasse@im-urlaub.de
An: oma.und.opa@zuhause.de
Betreff: Urlaub

Liebe Oma, lieber Opa,

jetzt sind wir für eine Woche in Rom. Das ist die Hauptstadt von Italien. Es ist sehr heiß. Unser Hund Brutus ist auch mitgekommen. Wir haben ein schönes Ferienhaus gemietet. Leni und Dana schlafen in einem Zimmer. Ich habe ein eigenes Zimmer und Mama und Papa auch.
Morgen wollen wir mit der Bahn fahren und die Innenstadt angucken. Dort gibt es eine große Arena oder Theater, wo früher die Löwen gekämpft haben. Man nennt es Kolosseum. Wir haben schon viele Pizzas und viel leckeres Eis gegessen. Ich schicke Euch noch eine Postkarte!

Ciao, Euer Lasse

PS: »Ciao« ist italienisch und wird wie »Tschau« ausgesprochen. Man sagt es hier in Italien für »Hallo« und »Tschüß«.

Fragen beantworten

Beantworte nun die Fragen zum Text in der E-Mail!

Von wem ist die E-Mail?

Wer bekommt die E-Mail?

Wie lange ist die Familie von Lasse im Urlaub?

In welchem Land machen sie Urlaub?

Wie heißt die Hauptstadt dieses Landes?

Ist es Winter oder Sommer?

Wohnt Lasses Familie im Hotel?

Wie heißen die Schwestern von Lasse?

Was gibt es in Italien zu sehen?

Was hat die Familie schon häufig im Urlaub gegessen?

Was heißt »Ciao«?

Fragen beantworten

☐ **Beantworte die Fragen!**

✓ Welche Ratte ist kein Tier? _____Leseratte_____

☐ Auf welchem Pferd kann man nicht reiten? _____

☐ Welcher Kater kann dir wehtun? _____

☐ Mit welchem Besen kann man nicht kehren? _____

☐ In welchem Bus kann man nicht fahren? _____

☐ Welchen Garten kann man nicht gießen? _____

☐ Welcher Schuh passt nicht an den Fuß? _____

☐ Welcher Vogel hat keine Federn? _____

☐ Welcher Mann hat vor der Sonne Angst? _____

☐ Welches Haus hat keine Fenster? _____

☐ Welche Birne kann man nicht essen? _____

☐ Was hängt an der Wand und gibt jedem die Hand? _____

☐ Welcher König regiert kein Land? _____

☐ Es fliegt in der Luft, aber man hält es trotzdem fest? _____

Handtuch   Muskelkater   Schneckenhaus   Glühbirne
Kindergarten   Drachen   Spaßvogel
Globus   Zaunkönig   Schneebesen   Seepferdchen
Schneemann   Handschuh   Leseratte

Lies genau und schreibe, was fehlt!

Wie bewegen sich Tiere?

☐ **Lies die Wörter im Kasten und setze sie ein!**

> hoppelt   schleicht   springt   kriecht
>   klettert
>   hüpft   jagt   krabbelt

Der Fuchs ____jagt____ den Hasen.

Der Regenwurm _____ durch die Erde.

Der Frosch _____ ins Wasser.

Die Katze _____ auf den Baum.

Die Katze _____ sich an die Maus heran.

Der Hase _____ über das Feld.

Der Grashüpfer _____ ins Gras.

Die Ameise _____ im Ameisenhaufen.

Lies genau!

Der folgende Text ist eine Fabel. In einer Fabel können die Tiere oft sprechen und denken wie Menschen. Den Tieren sind auch oft bestimmte menschliche Eigenschaften zugeordnet, wie listig oder schlau. Oft steht am Ende einer Fabel eine Lehre, ein Spruch. Man soll aus der Fabel etwas lernen.

Der Rabe und der Fuchs   (nacherzählt)

Ein Rabe saß mit einem Stück Käse im Schnabel auf dem Ast eines Baumes. Vom Duft des Käses angelockt, lief ein Fuchs zu dem Baum und sagte zu dem Raben: »Guten Tag, Herr Rabe!« Er dachte nach, wie er an das Stück Käse kommen könnte. Dann hatte er eine Idee und sagte zum Raben: »Oh Rabe, was sind Sie nur für ein wunderbarer Vogel. Ihr Gefieder, Ihr Gesang und Ihre Stimme sind so wundervoll!« Der Rabe fühlte sich so geschmeichelt, dass er seinen Schnabel weit aufsperrte, um dem Fuchs sogleich etwas vorzusingen. Kaum hatte er dies getan, fiel der Käse hinunter. Der Fuchs schnappte ihn und sagte: »Ein jeder Schmeichler wird satt durch den, der auf ihn hört.« Leider viel zu spät begriff nun der Rabe, dass er auf die Schmeicheleien des Fuchses hereingefallen war.

Das Original dieser Fabel hat der französische Dichter *Jean de la Fontaine* geschrieben

Fragen beantworten

☐ **Beantworte nun die Fragen zu dieser Fabel!**

Wer spielt in der Fabel mit?
_____

Was macht der Rabe auf dem Baum?
_____

Warum sagt der Fuchs dem Raben, dass er so ein schönes Gefieder hat?
_____

Wie fühlt sich der Rabe zuerst?

☐ enttäuscht ☐ beleidigt ☐ geschmeichelt ☐ neugierig

Was soll der Rabe machen?
_____

Warum will der Fuchs dies?
_____

Was passiert, als der Rabe anfängt zu singen?
_____

Wie fühlt sich der Rabe nun?

☐ glücklich ☐ froh ☐ enttäuscht ☐ neugierig

Welche Aussage / Lehre passt zu dieser Fabel?

☐ Wenn zwei sich streiten, freut sich der Dritte!

☐ Ein jeder Schmeichler wird satt durch den, der auf ihn hört.

Wer hat sich die Fabel ausgedacht?
_____

15

Lies genau und schreibe, was fehlt!

Der Spaziergang

☐ **Lies die Wörter im Kasten und setze sie ein!**

> ~~Hund~~   Wasser   Straße   Leine
> Weg   Maus
> Futter   Wald   Freundin   Stunde

Heute muss ich mit unserem _____Hund_____ spazieren gehen.

Ich laufe die _____ entlang und gehe weiter bis in den _____.

Ich habe den Hund an der _____. Wir treffen eine _____

und erzählen kurz. Als wir am Feldweg sind, flitzt vor unserer Nase eine kleine

_____ über den _____. Mein Hund bellt und will der Maus

nachlaufen. Nach einer halben _____ gehen wir wieder nach Hause

Ich stelle meinem Hund noch eine Schüssel voll _____ hin

und gebe ihm _____.

☐ Steh nun auf und geh zweimal um deinen Stuhl!

16

Lies und kreuze an!

Lies genau und kreuze dann den passenden Satz an!

- ☐ In einer Höhle kann man sich verkaufen.
- ☐ In einer Höhle kann man sich verlaufen.
- ☐ In einer Höhle kann man sich verlenken.

- ☐ Schneewittchen und die sieben Zweige
- ☐ Schneewittchen und die lieben Zwerge
- ☐ Schneewittchen und die sieben Zwerge

- ☐ Die Amsel baut eine Weste für ihre Jungen.
- ☐ Die Amsel baut ein Nest für ihre Jungen.
- ☐ Die Amsel baut einen Rest für ihre Jungen.

- ☐ Komm, für rennen in den Wald.
- ☐ Komm, wir rennen in den Wald.
- ☐ Komm, wir reiben in den Wald.

- ☐ Am Morgen hebt die Sonne auf.
- ☐ Am Morgen weht die Sonne auf.
- ☐ Am Morgen geht die Sonne auf.

- ☐ Der Regenbogen hat sieben Fahnen.
- ☐ Der Regenbogen hat sieben Farben.
- ☐ Der Regenbogen hat schiefe Farben.

☐ Male den Regenbogen in sieben Farben an!

Hast du schon einmal einen Regenbogen gesehen?   ☐ ja   ☐ nein

Leonardo da Vinci

Leonardo da Vinci hatte viele Begabungen. Sein Leben lang begeisterte er sich für die Natur und die Kunst. Er war nicht nur ein begabter Maler, sondern auch ein Wissenschaftler und Erfinder. Er konnte sehr genau zeichnen und malen. Er malte das wohl berühmteste Gemälde der Welt, die Mona Lisa. Er interessierte sich auch für den menschlichen Körper und dessen Funktionen. Er wollte herausfinden, warum Vögel fliegen können. So erfand er eine Flugmaschine. Leonardo da Vinci war ein Universalgenie. So nennt man eine Person, die besondere Kenntnisse in verschiedenen Gebieten der Wissenschaft hat. Er wurde im Jahr 1452 in Italien geboren. Er lebte also vor gut 550 Jahren.

So sah Leonardo da Vinci aus. Dieses Portrait hat er von sich selbst gemalt. Man nennt dieses ein Selbstbildnis.

Fragen beantworten

☐ **Beantworte nun die Fragen zum Text!**

Leonardo da Vinci war

ein _____.

ein _____.

ein _____.

Er begeisterte sich für _____.

Was konnte Leonardo da Vinci besonders gut?

_____

Was wollte er unbedingt herausfinden?

_____

Wie heißt das wohl berühmteste Gemälde der Welt?

☐ Das Universalgenie

☐ Die Mona Lisa

☐ Der Künstler

Was ist ein Universalgenie?

_____

Wann lebte Leonardo da Vinci?

_____

☐ Erzähle jemandem, den du kennst, von Leonardo da Vinci!

Lies genau und kreuze an!

Wie kannst du etwas sagen?

Ich kann etwas
- [ ] flüstern
- [ ] brüllen
- [ ] schreien
- [ ] stottern
- [ ] singen
- [ ] erzählen
- [ ] berichten
- [ ] erwidern
- [ ] sprechen
- [ ] labern
- [ ] plaudern
- [ ] äußern
- [ ] bemerken
- [ ] erläutern
- [ ] mitteilen
- [ ] schildern
- [ ] rufen
- [ ] reden
- [ ] murmeln
- [ ] plappern

Singst du gern?   [ ] ja   [ ] nein

Lies und nummeriere!

☐ **Lies zuerst alle sechs Sätze!**

☐ **Bringe die Sätze nun in die richtige Reihenfolge!**

☐ In der Schule angekommen, beginnen Kai und die anderen Schüler mit der Freiarbeit.

1. Am Morgen steht Kai auf und putzt sich die Zähne.

☐ Zum Frühstück isst er gesundes Obst und trinkt ein Glas Wasser.

☐ Um 14 Uhr geht Kai nach Hause und spielt mit seinem Hund Beuka.

☐ Auf dem Schulweg trifft er Luzia und geht den Rest des Weges mit ihr zusammen zur Schule.

☐ **Schreibe den 2. und den 4. Satz ohne Fehler ab!**

_____

_____

_____

_____

☐ Schau noch einmal, ob du jedes Wort richtig geschrieben hast!

☐ Atme fünfmal tief ein und aus!

Lies genau!

☐ **Lies die vier Gedichte!**

1

August Heinrich Hoffmann von Fallersleben

Das Osterei

Hei, juchhei! Kommt herbei!
Suchen wir das Osterei!
Immerfort, hier und dort
und an jedem Ort!

Ist es noch so gut versteckt,
endlich wird es doch entdeckt.
Hier ein Ei! Dort ein Ei!
Bald sind's zwei und drei!

Wer nicht blind, der gewinnt
einen schönen Fund geschwind.
Eier blau, rot und grau
kommen bald zur Schau.

Und ich sag's, es bleibt dabei,
gern such ich ein Osterei:
Zu gering ist kein Ding,
selbst kein Pfifferling.

2

Johann Wolfgang von Goethe

Gefunden

Ich ging im Walde
So für mich hin,
Und nichts zu suchen,
Das war mein Sinn.

Im Schatten sah ich
Ein Blümchen stehn,
Wie Sterne leuchtend,
Wie Äuglein schön.

Ich wollt es brechen,
Da sagt es fein:
Soll ich zum Welken
Gebrochen sein?

Ich grub's mit allen
Den Würzlein aus,
Zum Garten trug ich's
Am hübschen Haus,

Und pflanzt es wieder
Am stillen Ort;
Nun zweigt es immer
Und blüht so fort.

3

Eduard Mörike

Septembermorgen

Im Nebel ruhet noch die Welt,
noch träumen Wald und Wiesen.
Bald siehst du, wenn der Schleier fällt,
den blauen Himmel unverstellt,
herbstkräftig die gedämpfte Welt
im warmen Golde fließen.

4

Anna Ritter

Vom Christkind

Denkt euch, ich habe das Christkind gesehen!
Es kam aus dem Walde, das Mützchen voll Schnee,
mit rotgefrorenem Näschen.
Die kleinen Hände taten ihm weh,
denn es trug einen Sack, der war gar schwer,
schleppte und polterte hinter ihm her.
Was drin war, möchtet ihr wissen?
Ihre Naseweise, ihr Schelmenpack –
denkt ihr, er wäre offen der Sack?
Zugebunden bis oben hin!
Doch war gewiss etwas Schönes drin!
Es roch so nach Äpfeln und Nüssen!

Kreuze an und schreibe!

☐ **Beantworte nun die Fragen zu den Gedichten!**

Kreuze an! Welches Gedicht passt zum

Herbst? | 1 | 2 | 3 | 4 |

Sommer? | 1 | 2 | 3 | 4 |

Frühling? | 1 | 2 | 3 | 4 |

Winter? | 1 | 2 | 3 | 4 |

Kennst du ein ☐ oder mehrere ☐ von diesen Gedichten?   ☐ nein

Wie heißen die vier Dichter?

1 _____

2 _____

3 _____

4 _____

☐ **Suche dir ein Gedicht aus und schreibe es in dein Heft!**
Male passend dazu!

☐ **Frage, wenn du zu Hause bist, deine Eltern und / oder deine Großeltern, ob sie diese Gedichte kennen!**

☐ **Lerne ein Gedicht auswendig!**

Welche Jahreszeit ist im Moment? _____

Nummeriere und schreibe!

☐ **Lies zuerst die Sätze!**

☐ **Bringe den Abzählvers in die richtige Reihenfolge! Nummeriere!**

☐ der schüttelt die Pflaumen,

☐ und der kleine isst sie alle, alle auf!

☐ der hebt sie auf,

[1] Das ist der Daumen,

☐ der trägt sie nach Haus

☐ **Schreibe nun den Abzählreim in der richtigen Reihenfolge auf! Versuche keine Fehler zu machen!**

1 _____

2 _____

3 _____

4 _____

5 _____

Lies genau!

Tu genau das, was im Auftrag steht! Lies genau!

☐ Ich **unterstreiche** alle Namen!

<u>Lisa</u>   laufen   springen
   Lena   Dirk   Katrin

☐ Ich **kreise** alle Farben ein!

(rosa)   rot   Fahrrad   schnell
gefährlich   blau   lila   grün

☐ Ich **streiche** alle Baumarten **durch**!

~~Birke~~   Buche   Kiefer   Rose
   Nelke   Gänseblümchen   Eiche

☐ Ich **mache** ein **Häkchen** hinter allen Tieren!

Leopard ✓   Tiger ☐   Frosch ☐   Regal ☐
   Teppich ☐   Schwimmbad ☐   Katze ☐

☐ Ich **kreuze** alle Vogelarten **an**!

☒ Amsel   ☐ Katze   ☐ Drossel   ☐ Fink
   ☐ Star   ☐ Aal   ☐ Forelle   ☐ Meise

25

Lies genau!

☐ Lies das Märchen zweimal und beantworte dann die Fragen dazu!

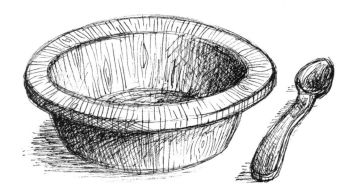

Der alte Großvater und der Enkel

Ein Märchen der Brüder Grimm

Es war einmal ein steinalter Mann, dem waren die Augen trüb geworden, die Ohren taub, und die Knie zitterten ihm. Wenn er nun bei Tische saß und den Löffel kaum halten konnte, schüttete er Suppe auf das Tischtuch, und es floss ihm auch etwas wieder aus dem Mund. Sein Sohn und dessen Frau ekelten sich davor, und deswegen musste sich der alte Großvater endlich hinter den Ofen in die Ecke setzen, und sie gaben ihm sein Essen in ein irdenes Schüsselchen und noch dazu nicht einmal satt; da sah er betrübt nach dem Tisch, und die Augen wurden ihm nass. Einmal auch konnten seine zitterigen Hände das Schüsselchen nicht fest halten, es fiel zur Erde und zerbrach. Die junge Frau schalt, er sagte aber nichts und seufzte nur. Da kaufte sie ihm ein hölzernes Schüsselchen für ein paar Heller, daraus musste er nun essen. Wie sie da so sitzen, so trägt der kleine Enkel von vier Jahren auf der Erde kleine Brettlein zusammen. »Was machst du da?« fragte der Vater. »Ich mache ein Tröglein,« antwortete das Kind, »daraus sollen Vater und Mutter essen, wenn ich groß bin.« Da sahen sich Mann und Frau eine Weile an, fingen endlich an zu weinen, holten sogleich den alten Großvater an den Tisch und ließen ihn von nun an immer mitessen, sagten auch nichts, wenn er ein wenig verschüttete.

Lies, kreuze an und schreibe!

Die Brüder Grimm waren Geschwister und lebten vor ungefähr 200 Jahren. Sie erfanden Geschichten und da diese nicht der Wahrheit entsprachen, nennt man sie Märchen. Sicherlich kennst du auch viele Märchen der Brüder Grimm.

Kenne ich ☐ ja ☐ nein

Kennst du auch »Der gestiefelte Kater«? ☐ ja ☐ nein

»Der goldene Schlüssel«? ☐ ja ☐ nein

»Rapunzel«? ☐ ja ☐ nein

»Vom Fundevogel«? ☐ ja ☐ nein

In diesem Märchen geht es um den alten Großvater.

Ist er gesund? ☐ ja ☐ nein

Was hat der Großvater?
_____

Was passiert dem Großvater am Tisch?
_____

Was machen sein Sohn und dessen Frau mit ihm?
_____

Was macht dann der Enkel?
_____

Warum darf der Großvater dann wieder am Tisch mitessen?
_____

Was meinst du, ist der Großvater nun zufrieden oder immer noch sehr traurig?
☐ zufrieden ☐ traurig

Lies genau!

Welche Sätze machen Sinn? Kreuze an!

☐ Heute hat Leonie Geburtstag. Sie wird zehn Jahre alt. Nächstes Jahr feiert sie ihren neunten Geburtstag.

☐ In der Schule unterrichten die Kinder die Lehrer.

☐ Im Sommer gehe ich mit meiner Familie an den See baden.

☐ Morgens putze ich mir die Zähne und gehe dann ins Bett.

☐ Im Internet kann ich Spiele spielen und Fotos anschauen.

☐ Die Erde besteht aus Kontinenten.

☐ Freunde und Familienmitglieder habe ich sehr lieb.

☐ Im Sportunterricht bringt die Lehrerin uns das Einmaleins bei.

☐ An Weihnachten suchen alle Kinder die Ostereier.

☐ Am Mittagstisch rülpsen alle um die Wette.

☐ Ich helfe meiner Mutter im Haushalt, indem ich alles unordentlich mache.

☐ Meine Hausaufgaben erledige ich immer in der Badewanne.

☐ Ein Faultier ist faul.

☐ Ein Stinktier riecht gut.

☐ Wenn ich in den Urlaub fahre, packe ich sieben Katzen in meinen Koffer.

☐ Märchen sind wahre Geschichten.

☐ Im Kino lese ich ein spannendes Buch.

Lies und male!

Lies genau!

☐ Schreibe das Wort richtig herum auf! **g u l f s u A** _____

☐ Male einen Pfeil nach rechts!

☐ Male eine blaue Vase mit drei gelben und einer roten Blume!

☐ Schreibe deinen Namen rückwärts auf und lies ihn drei Mal!

_____

☐ Greife über den Kopf zu deinem linken Ohr und kneife es sanft!

☐ Mache drei Kniebeugen und schließe dabei die Augen!

☐ Kannst du noch das Haus vom Nikolaus malen? Wenn nicht, schau auf Seite 8 nach!

☐ Falte deine Hände und kreise mit den Daumen!

☐ Male deine Schultasche!

☐ Nun recke und strecke dich, aber leise!

Lies genau!

Die kluge Ratte   Von Wilhelm Busch

☐ **Lies die Bildergeschichte und beantworte dann die Fragen dazu!**

Es war einmal eine alte, graue Ratte,
die, was man sieht, ein Fass gefunden hatte.

Darauf, so schaut die Ratte hin und her;
was in dem Fasse drin zu finden wär.

Schau, schau! Ein süßer Honig ist darein,
doch leider ist das Spundloch viel zu klein.

Indes die Ratten sind nicht gar so dumm,
sieh nur, die alte Ratte dreht sich um.

Sie taucht den langen Schwanz hinab ins Fass
und zieht ihn in die Höh' mit süßem Nass.

Nun aber ist die Ratte gar nicht faul
und zieht den Schwanz sich selber durch das Maul.

Fragen beantworten

Wer hat diese Bildergeschichte geschrieben?
_____

Die Reime stehen am Ende einer Zeile. Welche Wörter reimen sich?

1. Bild _Ratte_____   2. Bild _____
         _hatte_____   _____

3. Bild _____   4. Bild _____

         _____   _____

5. Bild _____   6. Bild _____

         _____   _____

Schau genau im Text! Welche Farbe hat die Ratte? _____

Ist sie ☐ jung oder ☐ alt?

Was ist in dem Fass? _____

Warum kommt die Ratte erst nicht an den Sirup?
_____

Was macht sie nun, um an den Sirup zu kommen?
_____
_____

Ist das klug von der Ratte?   ☐ ja   ☐ nein

Lies genau und nummeriere!

☐ **Lies zuerst die Sätze!**

☐ **Bringe die Sätze in die richtige Reihenfolge! Nummeriere!**

☐ In der zweiten Stunde haben die Kinder Sport.

1 In der ersten Stunde machen die Kinder einen Sitzkreis.

☐ Nach der Sportstunde machen die Kinder Freiarbeit.

☐ Sie gehen in die Umkleide und ziehen sich ihr Sportzeug an.

☐ Sie erzählen sich gegenseitig vom Wochenende.

☐ Am Ende der Freiarbeit schreibt die Lehrerin die Hausaufgaben an die Tafel.

☐ **Schreibe nun die Sätze in der richtigen Reihenfolge auf!**

1 _____

2 _____

3 _____

4 _____

5 _____

6 _____

Schreibe!

Was kannst du mit deinen Füßen und Beinen alles noch tun?

Ich kann

1. gehen
2. hüpfen

Wie viele Wörter sind dir für »gehen« eingefallen?   Mir sind ☐ Wörter eingefallen.

☐ Massiere nun sanft deinen Kopf!

Lies genau!

Skorpione

Skorpione leben seit 400 Millionen Jahren. Sie lebten schon mit den Dinosauriern zusammen. Es gibt 1500 verschiedene Skorpione. Sie leben in warmen Ländern und in der Wüste. Meistens leben sie versteckt unter Steinen. Skorpione werden bis zu 20 cm lang. Sie besitzen acht Beine und gehören deswegen zu den Spinnentieren.

Am Schwanzende haben sie einen Giftstachel, mit dem sie Angreifer und ihre Beute stechen und töten können. Mit ihren zwei Greifzangen halten sie ihre Beute fest.

Skorpione jagen ihre Beute in der Nacht. Sie fressen Insekten, Spinnen, Mäusebabys und Heuschrecken. Einige Skorpionarten sind auch für den Menschen gefährlich.

Skorpione können bis zu 25 Jahre alt werden. Von allen Tieren, die es gibt brauchen die Skorpione am wenigsten Wasser zum Überleben.

Das Skorpionweibchen trägt ihre Jungen auf dem Rücken, bis sie alleine Beute suchen können.

Fragen beantworten

Beantworte nun die Fragen zum Text!

Womit tötet der Skorpion seine Beute?
_____

Wie alt können Skorpione werden? _____

Wie viele Beine hat ein Skorpion? _____

Ist der Skorpion für den Menschen gefährlich? ☐ ja ☐ nein

Was fressen Skorpione?
_____

Wie viele Skorpionarten gibt es? _____

Skorpione brauchen ☐ viel ☐ wenig Wasser?

Wo leben Skorpione?
_____

Womit halten sie ihre Beute fest? _____

Hast du schon einmal einen Skorpion gesehen? ☐ ja ☐ nein

Beschrifte den Skorpion!

Lies genau und schreibe, was fehlt!

Setze das passende Wort ein!

Lena sitzt _zwischen_ Viola und Luzia.

Die Blumenvase steht _____ dem Tisch.

_____ dem Tisch liegt der Teppich.

Wenn man auf eine Leiter steigt,
kann man _____ die Mauer schauen.

Uli sitzt in der Klasse ganz vorne.
Sina sitzt _____ ihm.

Der Schulhof befindet sich _____ der Schule.

hinter

auf

unter

zwischen

vor

über

Setze das passende Verb ein!

Susi _____ ein Bild.

Leon _____ eine Geschichte.

Lukas _____ ein spannendes Buch _____.

Erika _____ unter den Tisch.

Peter _____ einen Zeitungsartikel _____.

schreibt

krabbelt

schneidet aus

malt

liest vor

Lies und schreibe!

☐ **Ordne die Wochentage der Reihe nach und schreibe sie auf!**

| Donnerstag | Freitag | Montag | Sonntag |
| Dienstag | Samstag | Mittwoch |

_____   _____

_____   _____

_____   _____

_____

An welchen Tagen ist Wochenende? _____

Welcher Tag kommt vor Mittwoch? _____

Welcher Tag kommt nach Donnerstag? _____

Welcher Tag ist heute? _____

Welcher Tag ist morgen? _____

Welcher Tag war gestern? _____

Die Woche hat _____ Tage.

☐ Stehe nun auf und mache fünf Kniebeugen!

Lies genau!

Das Sonnensystem

Die Sonne ist ein leuchtender Stern. Sie ist ein riesiger, brennender Gasball. Die Sonne liefert uns Wärme und Licht zum Leben. Sie ist der Mittelpunkt, um den acht Planeten kreisen. Sie heißen Merkur, Venus, Erde, Mars, Jupiter, Saturn, Uranus und Neptun.

☐ **Damit du dir die Planeten leicht merken kannst, lerne diesen Satz auswendig!**

Mein	**V**ater	**E**rklärt	**M**ir	**J**eden	**S**onntag	**U**nseren	**N**achthimmel
M	V	E	M	J	S	U	N
e	e	r	a	u	a	r	e
r	n	d	r	p	t	a	p
k	u	e	s	i	u	n	t
u	s			t	r	u	u
r				e	n	s	n
				r			

Die Sonne ist so groß, dass die Erde darin mehr als eine Million Mal Platz finden würde. In einem Jahr dreht sich die Erde einmal um die Sonne. Deswegen gibt es bei uns unterschiedliche Jahreszeiten (Frühling, Sommer, Herbst und Winter). Die Erde dreht sich an einem Tag einmal um sich selbst. Deshalb ist es jeden Tag hell und dunkel. Die Erde dreht sich und somit wird immer nur ein Teil der Erde von der Sonne bestrahlt.

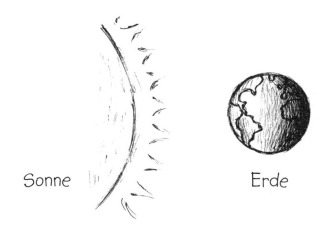

Sonne   Erde

Schreibe die Namen zu den Planeten!

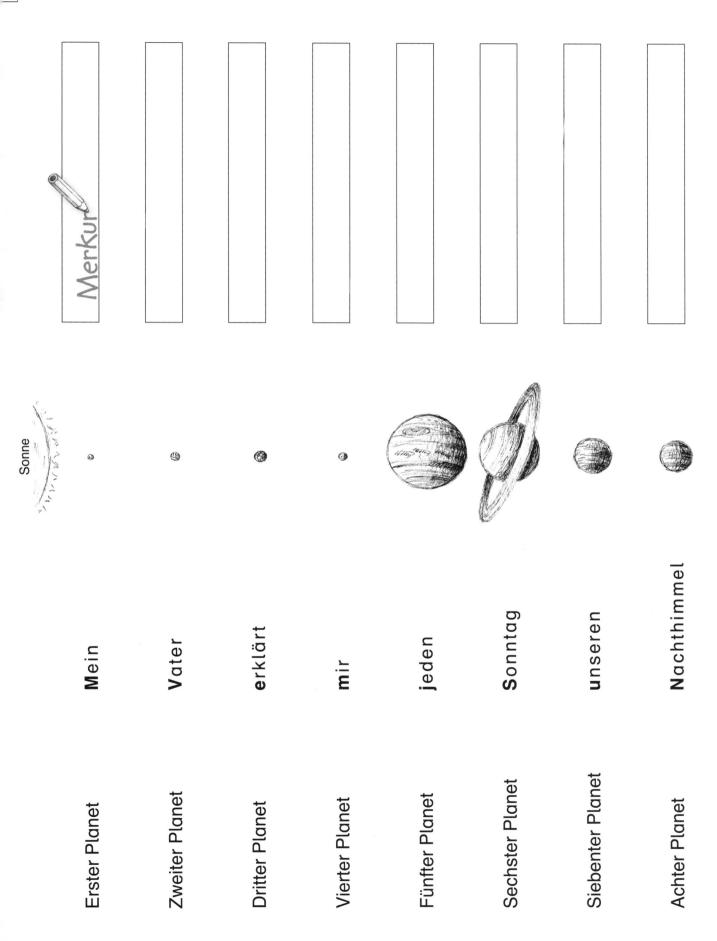

Lies genau!

Es kreisen acht Planeten um die Sonne. Der **Merkur** ist der kleinste Planet. Er ist der erste Planet, der der Sonne am nächsten ist. Die **Venus** ist der heißeste Planet. Sie ist sehr hell und wird auch Abendstern genannt. Sie ist der zweite Planet, der der Sonne am nächsten ist. Die **Erde** ist unser Heimatplanet. Sie ist zum größten Teil mit Wasser bedeckt. Darum wird sie auch der »Blaue Planet« genannt. Durch das Wasser, den Sauerstoff und andere Gase ist ein Leben nur auf der Erde möglich. Sie ist der dritte Planet, der der Sonne am nächsten ist. Der **Mars** ist der Erde sehr ähnlich. Er besteht wie die Erde aus Gesteinen und Metallen und hat eine feste Oberfläche. Da er aus viel Eisen besteht, wird er auch der »Rote Planet« genannt. Immer wieder hat man Roboter dort hingeschickt, um nach Leben zu suchen. Aber bisher hat man nichts gefunden. Er ist der vierte Planet, der der Sonne am nächsten ist. Die Planeten Jupiter, Saturn, Uranus und Neptun bestehen aus Gas und Eis. Der **Jupiter** ist der größte der acht Planeten. Er ist der fünfte Planet, der der Sonne am nächsten ist. Der **Saturn** ist der zweitgrößte Planet. Er hat Ringe um sich herum. Er ist der sechste Planet, der der Sonne am nächsten ist. Der **Uranus** ist der drittgrößte Planet und schimmert blaugrün. Er ist der siebente Planet, der der Sonne am nächsten ist. Der achte und somit der am weitesten von der Sonne entfernte Planet ist der **Neptun**. Er ist blau wie das Meer und ist deshalb nach dem römischen Meeresgott »Neptun« benannt. Er ist der kälteste Planet unseres Sonnensystems.

Fragen beantworten

☐ Beantworte nun die Fragen!

Wie viele Planeten kreisen um die Sonne? _____

Welcher Planet ist der Sonne am nächsten? _____

Wie heißt unser Planet? _____

Welcher ist der kleinste Planet? _____

Mit welchem Merksatz kannst du dir die Reihenfolge der Planeten gut merken?

_____

_____

Wie lange braucht die Erde, um sich einmal um die Sonne zu drehen?

_____

Wie lange braucht die Erde, um sich einmal um sich selbst zu drehen?

_____

Alle acht Planeten sind viel ☐ größer oder ☐ kleiner als die Sonne.

Was hat der Saturn Besonderes? _____

Welcher ist der größte Planet? _____

Was macht die Erde so blau? _____

Wen umkreisen die acht Planeten? _____

☐ Ich habe mir viel über das Sonnensystem gemerkt.

☐ Ich lese noch einmal über dieses Thema und versuche, mir dann viel darüber zu merken.

Lies und schreibe!

☐ **Ordne die Monate der Reihe nach und schreibe sie auf!**

November	Mai	September	Februar
August	Oktober	Dezember	Juli
Januar	Juni	März	April

_____   _____   _____

_____   _____   _____

_____   _____   _____

_____   _____   _____

In welchem Monat ist Weihnachten? _____

In welchem Monat hast du Geburtstag? _____

In welchen Monaten kommt kein »r« vor?

_____

Welchen Monat haben wir im Moment? _____

Das Jahr hat _____ Monate.